1e druk | september 2019

de heremiet | © 2019 martin knaapen

uitgave | uitgeverijpetrichor.nl

isbn | 978-0-244-22136-2

ontwerp&foto's | martin knaapen
foto auteur | viorica cernica

druk | lulu

met dank aan | rob & andrea/inhethuisvan.nl

DE HEREMIET

MARTIN KNAAPEN

GEDICHTEN

2019 uitgeverij petrichor deventer

voor jo daggert
geboren uit klei

HERMIT HOUSE

Ten noorden van Deventer, net voorbij de jachthaven en het eens legendarische IJsselstadion en naast de altijd mooie IJssel, ligt de Stobbenweerd, een oude waard waarin vroege industrie, landbouw en natuur samengaan met de jaarlijkse overstromingen die dit meanderende landschap hebben getekend.

Achter het huis van Jo Daggert ligt een oude boomgaard, met daarin verstopt een klein gevouwen huisje - *de hermit house* - zonder verwarming, elektra en water maar met zicht op het weer, op seizoenen, op bovengravende mollen, op zingende, vechtende, parende, scharrelende, spelende, rovende en vreemde vogels, op nieuwsgierige muizen, vossen en marters, op passerende vrachtschepen, zeilboten, speedboten, jachtjes en passagierschepen, op al dan niet stille wandelaars met honden en stokken, alleen of in groepen en op de bijzondere vegetatie die zo kenmerkend is voor dit IJsselland.

Gedurende het jaar dat de kapschuur verbouwd werd tot een duurzame vakantiewoning, heb ik hier mogen verblijven en schrijven met deze bundel als resultaat.
Dank jullie wel Rob en Andrea.

martin knaapen, september 2019

GEKRAAKTE STILTE

vreemd gerust dit stille beeld
waar het leven zich verstopt
achter dijken

achter geblaf
achter stemmen
achter sporen van de stad

verkreukeld staart een boom
door appels vormende druppels
naar de monding ver weg

dáár is het einde
dáár is het begin
dat altijd maar voorbijgaat

de steenfabriek beweegt zo traag
verliest zo traag haar stenen
vervalt zo traag tot kunst

merels hebben het pand
van de uilen gekraakt
wachtend op rijzende bergen
vol omhooggevallen wormen

zonder warmte nog
alleen oorwormen en spinnen
maken het thuis

vandaag geen roodborst kauw of raaf
geen winterkoning
pimpelkoolmeesmus
alleen gaaien stoppen kort

in de waard grazen ganzen
achter vierwielgedreven monsters
die voren persen als droge beken
en de rivier in roze steen gieten

alles blijft liggen
tot de tijd stopt

de zon verkleurt
en in lampen opgaat

ONDERTUSSEN

gaten duiken door bloeiende velden
scheuren kruipen door de straten
marsen walsen over gevallen sterren

kleur wijkt voor grauw
lentegeur verschaalt
uitzicht slinkt

en boven het meer
boven het meer
vliegt een ijlende meeuw

(vrij naar 'De IJlende Meeuw' De Kift / '4 voor 4' / 2003)

WACHTER AAN ZEE

de wachter aan zee
bepaalt de inhoud

wanneer de schilden omhoog gaan
is het pleit beslecht

besloten is
wat is te laten

maar niemand treurt om wolken
totdat zij huilen

maat is geen norm
maar regel

de zee haalt inhoud
uit bergen

MOMENTENRIJK

ragfijne draden
verbinden
glas en zicht

er wordt gehinkeld
zeker wordt er gehinkeld
in de wind en in de regen

lichte strepen
zijn ontoegankelijk
of tijdelijk onzichtbaar

bij elke beweging
is alles eens
of even

tijdelijk is vol momenten

Ik schrijf mijn naam

op vliesvleugels
draag ik betonnen lijven
ik draai molens
beweeg schepen
zet voetstappen in het graan
en ruik elke meter anders

je knijpt je ogen wanneer je
mij aankijkt
je oren suizen van mijn stem
ik vertel verhalen van ver
als verraad dat zich verstopt

ik spreek alle talen
mijn zangen kondig ik
bulderend aan
en dirigeer koren waarin aarde
water en zon solo's brengen

ik ben zacht en vol liefde
zwanger van warmte en stuifmeel
tot ik mijn toorn vind
mijn manen opsteek en boven
onder maak

tollend zuig ik paden
woel de aarde met mijn handen en
sla muren tot stenen

ik stijg op
en laat mij vallen
verpletter alles in mijn duik
mijn kracht is enorm
hoewel mijn streling teder

en schrijf mijn naam ademloos
in jouw bestaan

AVONDROOD

de bongerd glijdt rood de avond in
als bloed van een woelmuis
langs zomer gedroogde doorns

wind pakt het land in
en slaat een deken
over de verwarmde aarde

regen stolt tot hagel
vertrapt anemonen
en tekent contouren

ik kraak en zing met Vic Chesnutt
wespen vieren dronken
rottend fruit

wreed
hoe mooi
het einde leeft

PANTA RHEI

er staat niets geschreven
en er is geen duiding of vaart
er is geen richting
maar het stroomt

je kijkt deels
en ziet niets
je denkt deels
en kiest niets

toe maar, stroom maar
maak maar weg maar
denk aan nu
wanneer te laat dreigt

Verdwaald

ben je weg
wanneer de lijnen lossen

is het vertrek een feit
wanneer de steiger krimpt

begint je reis
wanneer de zeilen bollen

krimpt je hart
wanneer stilte het schip kraakt

velden dansen met je ogen
schommelend op elke golf

jij bent de mast
naakt, kwetsbaar,
trots

en al duizenden mijlen
verdwaald
in mijn hoofd

Verschrompelend blad

er beweegt niets tussen de bomen
tussen de kribben
dan een bruin verschrompelend blad

beeld slaat vast en nevels
sluiten waarden en rivier
boven door mollen geploegde velden

tussen tak en haag halen bergen
via ondermijnende gangen adem
er hangt een mist die smaakt naar
uitschot

ik vaar vol getuigd door
windstil ritsende wolken
en hoor niets
dan een bruin verschrompelend blad
dat naast de stroming valt

Niets is vanzelfsprekend

de weg vervormt in het landschap
zodra de weg het landschap vormt

van opzij word je bevraagd
op je verleden

stormende beelden schakelen met
kwetsbare ideeën
woorden vullen onpeilbare diepten
traag schrijven ze rust

er is waarom in willen weten
en verwondering in het antwoord
alle schoonheid bestaat uit vragen

de zon versterkt het donker
liefde licht

zwart is niet zwart
wit niet wit

voor annemiek pruijt

M ELKMUIL

sommen karnden langs
mijn kou verlangend verhemelte
riekend naar week karton
om lauw verwarmde pakjes
was smakende Europees gemolken melk

verre landen werden xeno-exotisch
en geelgerande watertorren groeven
tussen Koekoek's plaatverlatende
salamanders
kleuren veranderden kleuren

de afgestempelde gift
kromp bij inname tot gif
en gaande de dag beet
melkzuur mijn tanden en maagzuur
mijn strot

elke beweging vormde stolsels
die als wagenvet mijn gedachten
aan elders en later smeerden

hier werden bergen mythisch
zeeën mijn
en ik

leerde anderen
van opzij te zien

Nachtzwanen

er strijken nachtzwanen
langs het plafond
in witte banen met rode strepen

sloten schuiven in grendels
de laatste wind wast stof uit
de gordijnen

langs de muren rolt
de terugweg het donker in

de nacht zuigt spanning uit de dag
en koude vangt gebruikte geluiden

bevroren naaldbloemen groeien
uit onze hete gevlochten adem

daar waar de winden draaien
groeien woorden of het niets is

OUDE BUIGINGEN

er hangt een zweem van velden
en een waas van paden
over bevroren gras

takken wijzen wind
oud blad valt in goede aarde
zinnen kruisen gebruikte beelden

rottend fruit valt
in verlaten nesten

nieuwe grassen buigen
opnieuw voor de vorst

WANNEER AKEN ZINGEN

door de beukenhaag
tussen wilgen en elzen
zingt een onzichtbare aak

een sonore stem
glamt tegen oevers
van losse stenen op doek

stilstaande lucht
resoneert schier onhoorbaar
in het oude landschap

jazeker
de waard beeft
bij mijn gedachten

R u i s

steen schraapt
verbrand vel
verzet huid
huid verzet je
huid verzet
waterrimpels
op knieën

patronen schrijven patronen
tintelend als geborsteld staal
als kinstrelende haren
bij het draaien van wind

uitloopgroefruis
klinkt in dorre winterheg
langs kale appelboomgaard
vleugels slaan ritme van lentegeil
veren suizen als bloed
door oren

zing
zing valse zangen
dans gruis
zing ruiszang
langzaam beslist
alleen
jij

Voorjaarsschets

de stad is aan het werk gegaan
de weg gonst als een bijenkast
de trein naar Z rolt in kadans

eksters maken indruk op elkaar
vinken zingen elkaar liederen
een merel trekt wormen uit schaduw
in het nest wordt gejuicht

vanuit de perenboom
tekent een koolmees
silhouetten op de grond

het is zo mooi vandaag
rust ligt hoorbaar achter heggen
de aarde luchtspiegelt een landzee

het tempo zakt
er wordt gelachen
en gehuild onder de honden

haar benen zijn mooi
wanneer de zon de kleine blonde
haartjes verlicht

te vroege zomerdroogte
drinkt kleuren uit het leven
buien blazen kort reveille

VERHALEN

stilte vang je
in een enkel moment
een handen beeld

zet een lijn
en je plant een boom vol leven

trek een lijn
en de zee vaart je hoofd in

bladeren ruisen golven
vleugels
verhalen

gelijk ouroboros
de zelfverslinder
beet ik mij

ik sprak rijloze mensen
zonder aansluiting
leken zij mij vrij
tot ik verwoeste levens
in hun ogen zag tollen

nu zit ik onder bomen
of boven golven
ik kijk en luister
naar ruis
en herhaal mijzelf
van eind
tot begin

LANDEN

het maakt niet uit
hoe hard je trekt aan zware zeilen
een diep gat krijg je nooit gevuld

er waaien wolken door je hoofd
en flarden verwarring schrijven
onleesbare zinnen die
je lippen niet raken

merels fluiten voorjaar
knoppen breken
nu is meer nu dan ooit

bomen plaatsen hun koele kroon
op je volle verhitte hoofd en
beademen je leeggeschreeuwde longen

er strijkt een nieuwe wind
langs oude zeilen

witgroen spruit
tussen dood leven van eerder

de grond veert zacht
landen is nooit voor altijd

VANDAAG

vandaag straalt de zon over dijken
waar bomen op de uitkijk staan

vandaag zwijgen vogels
juichen motoren door het land

vandaag wordt oorlog nagezongen
valse dreiging en angst verhalend

vandaag kijkt de wassende rivier
verlangend in mijn hut

vandaag vertrek ik en
laat u achter

niets is wat het lijkt
vandaag

www.ingramcontent.com/pod-product-compliance
Lightning Source LLC
Chambersburg PA
CBHW060043040426
42331CB00032B/2260